Protegiendo nuestro planeta

Lisa J. Amstutz y Alma Patricia Ramirez

Rourke
Educational Media

A Division of
Carson Dellosa Education

ANTES Y DURANTE LAS ACTIVIDADES DE LECTURA

Antes de la lectura: *Desarrollo del conocimiento del contexto y el vocabulario*

Desarrollar el conocimiento del contexto puede ayudar a los niños a procesar la información nueva y usar como base lo que ya saben. Antes de leer un libro, es importante utilizar lo que ya saben los niños acerca del tema. Esto los ayudará a desarrollar su vocabulario e incrementar la comprensión de la lectura.

Preguntas y actividades para desarrollar el conocimiento del contexto:

1. Ve la portada del libro y lee el título. ¿De qué crees que trata este libro?
2. ¿Qué sabes de este tema?
3. Hojea el libro y echa un vistazo a las páginas. Ve el contenido, las fotografías, los pies de las fotografías y las palabras en negritas. ¿Estas características del texto te dieron información o predicciones acerca de lo que leerás en este libro?

Vocabulario: *El vocabulario es la clave para la comprensión de la lectura*

Use las siguientes instrucciones para iniciar una conversación acerca de cada palabra.

- Lee las palabras de vocabulario.
- ¿Qué te viene a la mente cuando ves cada palabra?
- ¿Qué crees que significa cada palabra?
-

Palabras de vocabulario:
- *sustancias químicas*
- *gases*
- *contamina*
- *recicla*

Durante la lectura: *Leer para obtener significado y entendimiento*

Para lograr la comprensión profunda de un libro, se anima a los niños a que usen estrategias de lectura detallada. Durante la lectura, es importante hacer que los niños se detengan y establezcan conexiones. Estas conexiones darán como resultado un análisis y entendimiento más profundos de un libro.

 ## Lectura detallada de un texto

Durante la lectura, pida a los niños que se detengan y hablen acerca de lo siguiente:

- Partes que sean confusas
- Palabras que no conozcan
- Conexiones texto a texto, texto a ti mismo, texto al mundo
- La idea principal en cada capítulo o encabezado

Anime a los niños a usar las pistas del contexto para determinar el significado de las palabras que no conozca. Estas estrategias ayudarán a los niños a aprender a analizar el texto más minuciosamente mientras leen.

Cuando termine de leer este libro, vaya a la última página para ver una **Actividad para después de la lectura**.

Contenido

Nuestro hogar

La Tierra es nuestro hogar.

Las personas deben protegerla.

Protegiendo el agua

Algunas granjas y fábricas usan **sustancias químicas** dañinas. Fluyen a los ríos, lagos y océanos. Hacen que las personas y los animales se enfermen.

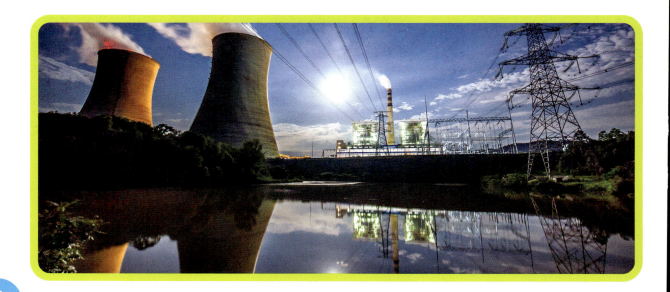

Las sustancias químicas contaminaron el agua de este río.

7

Las personas crean reglas. Las reglas dicen que las sustancias químicas no se permiten en el agua.

NO DUMPING

DRAINS TO OCEAN

Un científico toma una taza de agua para hacer pruebas.

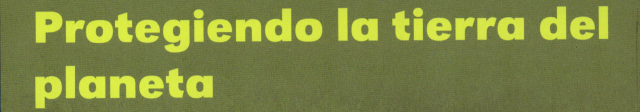

Protegiendo la tierra del planeta

La basura **contamina** la tierra del planeta Tierra. Puede dañar a las plantas y los animales.

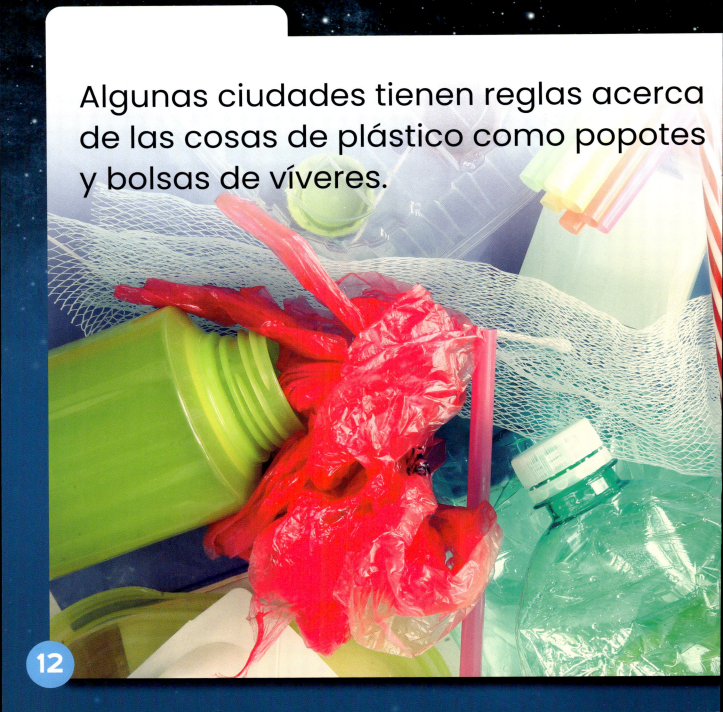

Algunas ciudades tienen reglas acerca de las cosas de plástico como popotes y bolsas de víveres.

Las personas usan popotes y bolsas de víveres que se vuelven a usar. Esto produce menos basura.

Protegiendo el aire

La gente quema combustible para producir energía. Calienta nuestros hogares y hace que funcionen las máquinas. Pero también envía **gases** dañinos al aire.

Hay otras formas de producir energía. El agua, el viento y los rayos del sol pueden generar energía.

turbinas de viento

paneles solares

presa hidroeléctrica

Cómo puedes ayudar

¡Puedes ayudar a proteger a la Tierra! **Recicla** y vuelve a usar cuando puedas. Siembra árboles para ayudar a limpiar el aire. Ayuda a mantener tu comunidad segura y limpia.

¡Podemos trabajar juntos para proteger a nuestro planeta!

Glosario de fotografías

sustancias químicas
(sus-tan-cias quí-mi-cas)
Sustancias hechas mediante procesos químicos, con frecuencia en fábricas.

gases (ga-ses) Sustancias que se esparcen para llenar cualquier espacio que las contenga.

contamina (con-ta-mi-na) Contamina con sustancias dañinas como las sustancias químicas, la basura, el ruido y la luz.

recicla (re-ci-cla) Procesa los artículos viejos, como plásticos, para que puedan convertirse en productos nuevos.

¿Se van a pudrir?

Algunos materiales se descomponen en días. A otros les toman miles de años. ¿Puedes adivinar cuáles de estos artículos se descompondrán primero?

Materiales

toallas o pala pequeña
desperdicios de comida
tiras de papel
lata de hojalata vacía
botella de plástico
palos (4)

Instrucciones

1. Con la ayuda de un adulto, escarba cuatro pequeños hoyos en la tierra.

2. Coloca un artículo de la lista anterior en cada hoyo. Cúbrelo con tierra. Márcalo con un palo para que puedas encontrarlo después.

3. Espera dos semanas. Luego, escarba para sacar cada artículo

4. Observa: ¿Se empezó a descomponer el artículo? ¿Por qué sí o por qué no?

23

Índice

Acerca del autor

Lisa J. Amstutz es autora de más de 100 libros infantiles. A ella le gusta aprender acerca de las ciencias y compartir datos divertidos con los niños. Lisa vive en una pequeña granja con su familia, dos cabras, un averío de gallinas y una perrita que se llama Daisy.

Actividad para después de la lectura

Encuentra qué tipos de materiales se pueden reciclar en tu área. Luego, ve en tu alacena. ¿Cuáles recipientes de alimentos se pueden reciclar? ¿Cuáles no se pueden reciclar? ¿Cómo puedes reducir la basura que genera tu familia?

Library of Congress PCN Data

Protegiendo nuestro planeta / Lisa J. Amstutz
(Mi biblioteca de ciencias de la Tierra y el espacio)
ISBN (hard cover)(alk. paper) 978-1-73164-905-8
ISBN (soft cover) 978-1-73164-853-2
ISBN (e-Book) 978-1-73164-957-7
ISBN (e-Pub) 978-1-73165-009-2
Library of Congress Control Number: 2021935553

Rourke Educational Media
Printed in the United States of America
01-1872111937

Editado por: Hailey Scragg
Diseño de portada: Rhea Magaro-Wallace
Diseño de interiores: Jen Bowers
Traducción: Alma Patricia Ramirez
Photo Credits: Cover logo: frog © Eric Phol, test tube © Sergey Lazarev, p4 © kokouu, p5 © Choreograph, p6 © zhongguo, p7 & p22 © Sorin Opreanu Roberto, p8 © golero, p9 © GregorBister, p10 & p22 © prill, p12, p16 & p22 © narvikk, p13 © Martine Doucet, p14 & p22 © Alexander Gatsenko, p17 © Androsov, p18 © Rawpixel Ltd., p19 © pixelfusion3d, p20 © RapidEye, p21 © Halfpoint , All interior images from istockphoto.com.